Ln 10493
A.

L$^{27}_{n}$ 10493
A

Voyez p. 8, ligne 17.

FAC-SIMILÉ
de deux notes autographes
de Mr Reinaud, placées par lui
à coté d'une note de Mr Julien.

Note de M. Julien.   Notes de M. Reinaud.

Tchimour Djimour ou Djyr Djnour

15 Février 1859

Ne pouvant montrer à tout le monde les notes autographes tracées par Mr Reinaud, sur une des marges du FO-KOUE-KI que je lui avais prêté et dont il a obstinément nié l'emprunt, j'ai pris le parti d'en donner ci-dessus le **Fac-Similé**.

Stanislas Julien

Imp. Lemercier, Paris.

RÉPONSE MESURÉE

DE

M. STANISLAS JULIEN

A UN LIBELLE INJURIEUX

DE M. REINAUD.

SECONDE ÉDITION,
revue et corrigée (1).

Paris, 5 février 1859.

Dans la séance de l'Académie des Inscriptions, du 4 février, M. Reinaud, sans aucune provocation de ma part, a lancé contre moi un libelle rempli d'injures. L'injure n'est pas une arme à mon usage; c'est la dernière ressource de ceux à qui manquent la force, la raison et le bon droit. Je rédigeai sur-le-champ, dans un style calme et modéré, une réponse de 24 pages in-4°, qui ne laissait aucune attaque impunie, et où je signalais, chez mon adversaire, un bon nombre d'erreurs géographiques d'une gravité extrême. Je soumis ma réponse à

---

(1) Ma première réponse laissait beaucoup à désirer, par suite de la précipitation avec laquelle j'avais dû la rédiger et l'imprimer. Cette seconde édition répond mieux à l'attaque aussi injuste qu'indécente qui a éclaté subitement, au grand scandale de tous, et que le soin de ma considération ne me permettait pas de laisser impunie. Elle se distribue chez Benjamin Duprat, libraire, rue du Cloître-Saint-Benoît, 7.

plusieurs de mes confrères, qui en approuvèrent d'autant plus le langage et les arguments, que le pamphlet précité leur paraissait à la fois inconvenant dans la forme et absolument dépourvu de preuves. Ils furent tous d'avis que je prenais trop de soins pour détruire des chimères, et que si, par un scrupule exagéré, je tenais à conserver toutes les parties de ma défense, ce serait, comme disent les Chinois, *employer une massue pour écraser un moucheron*. Ils m'invitèrent, en conséquence, à traiter seulement deux points, d'une importance capitale, qui dominent toute la question, c'est-à-dire d'examiner s'il est vrai, comme l'a affirmé M. Reinaud : 1° qu'il y ait eu (en 1846 ou 1847) une certaine conférence à laquelle auraient pris part, devant lui, trois orientalistes bien connus ; 2° s'il est faux, comme il le soutient obstinément, que je lui aie jamais prêté, vers la même époque, mon exemplaire du *Fo-koue-ki*, dont les marges étaient couvertes de notes recueillies par moi dans divers auteurs, et de transcriptions de noms indiens obtenues à l'aide de l'alphabet harmonique, dont j'avais entrepris, depuis plusieurs années, la composition, alphabet que je me dispose actuellement à imprimer dans le *Journal asiatique*, et qui a pour but le déchiffrement et la transcription des noms sanscrits figurés par des signes chinois phonétiques.

Dans la séance du 14 janvier, mon savant confrère, M. Guigniaut, avait présenté avec éloge le Mémoire géographique de M. Vivien de Saint-Martin, qui termine mon second volume de la traduction des Mémoires de Hiouen-Thsang, et il avait dit que cet habile géographe avait été puissamment aidé, pour la détermination des lieux, par la méthode que j'ai établie dans le but de transcrire les noms sanscrits figurés par des signes chinois phonétiques.

M. Reinaud prit la parole, et affirma qu'il avait identifié lui-même la plupart des dénominations indiennes, à l'aide de mots arabes et persans, et des sons chinois donnés par M. Landresse, dans son analyse de la relation de *Hiouen-thsang*, qui termine le *Fo-koue-ki*.

Dans la séance du 21 janvier, mon savant confrère, M. Guigniaut, revint sur la méthode de transcription des mots indiens, qui exigeait à la fois la connaissance du chinois et du sanscrit, qui me sont familiers, et auxquels M. Reinaud était étranger.

M. Reinaud répliqua encore, et insista de nouveau sur les moyens qu'il avait dit avoir employés pour arriver, sans savoir le chinois ni le sanscrit, à la transcription correcte des mots indiens. Il ajouta qu'à l'époque où il rédigeait son Mémoire sur l'Inde, il y avait eu, devant lui, une conférence composée de MM. Théod. Goldstuecker, Max Müller et Stanislas Julien, qu'il leur avait exposé ses propres transcriptions, et que ces trois orientalistes les avaient trouvées parfaitement exactes. Il termina en disant qu'on pouvait, du reste, s'assurer de la vérité de ses paroles en écrivant à l'un ou à l'autre des deux indianistes allemands qu'il avait cités.

J'ai suivi le conseil de M. Reinaud, et, trois jours après, M. Max Müller, notre honorable correspondant, me fit l'honneur de m'adresser la lettre suivante, que je donne en français et en anglais.

Oxford, 24 janvier 1859.

Mon cher Monsieur,

Je me rappelle si nettement tout ce qui s'est passé à Paris en 1846 et 1847, que je n'hésite pas, le moins du monde, à dire qu'il n'y a jamais eu de conférence à laquelle vous, M. Reinaud, le Dr Goldstuecker et moi, ayons pris part, et dans laquelle nous ayons discuté des transcriptions chinoises de noms sanscrits. Je ne puis m'empêcher de penser qu'il doit y avoir là dedans quelque malentendu. J'ai toujours eu la plus grande estime pour M. Reinaud, considéré comme arabisant, mais je n'ai jamais supposé qu'un homme si hautement distingué dans sa sphère spéciale d'études, ait pu, en même temps, avoir vaincu les difficultés des deux langues les plus difficiles, le chinois et le sanscrit.

Pendant mon séjour à Paris, M. Reinaud, à qui je fus présenté par M. le baron de Humboldt, m'a souvent fait l'honneur de m'adresser des questions relatives à la littérature sanscrite, et je me souviens nettement des termes chaleureux dans lesquels il me parla de vos importantes découvertes dans la littérature bouddhique de la Chine.

S'il y a, dans la littérature orientale, une découverte dont la propriété légitime ne puisse laisser le plus léger doute, c'est certainement le système que vous avez imaginé pour ramener les transcriptions chinoises des mots sanscrits à leur forme originale (1). C'est *votre découverte* dans toute la force du terme, parce que nul autre que vous ne possédait *même les instruments* (indispensables) pour faire cette découverte. Je serais vraiment fâché de dire quelque chose qui pût blesser M. Reinaud, qui, dans nos relations mutuelles à Paris et à Oxford, aussi bien que dans les lettres qu'il m'a adressées, a toujours montré le plus bienveillant intérêt pour le succès de mes ouvrages, et dont j'apprécie hautement l'amitié. Mais, si je comprends bien le sens de votre lettre, et s'il pouvait y avoir quelque doute dans une affaire où le doute me paraît impossible, je me sens obligé de déclarer que M. Reinaud me montra lui-même, à la Bibliothèque, des traductions manuscrites du chinois que vous lui aviez données, et dont il avait inséré quelques-unes dans son *Mémoire sur l'Inde* (2). J'ajouterai qu'il ne me parla jamais de ses découvertes en sanscrit et en chinois.

J'ai l'honneur d'être, etc.

Max MULLER.

---

(1) Je ne puis m'empêcher de citer ici un précieux aveu de M. Reinaud : « M. Stanislas Julien (*Mémoire sur l'Inde*, p. 36), qui s'occupe, depuis quelque temps, de la traduction des relations chinoises sur l'Inde, n'a pu se dispenser d'étudier les différentes formes de noms propres, et *il a considérablement avancé cette partie importante de la philologie orientale*. Non content de s'aider de divers alphabets et vocabulaires chinois-indiens, dont quelques-uns n'avaient pas encore été mis à contribution, il a entrepris de dépouiller un dictionnaire des mots indiens qui sont reproduits dans les livres bouddhiques chinois (c'est le *Fan-i-ming-i-tsi*, en 6 volumes; voyez ma préface de l'*Histoire de la vie et des voyages de Hiouen-thsang*, p. xxiii), et bien que son travail ne soit pas encore terminé, *il a établi le rapport de plusieurs milliers de mots*.

« M. Stanislas Julien a naturellement adopté, pour ses transcriptions, la prononciation du Bengale, ET JE M'Y SUIS CONFORMÉ. »

(2) J'avais prêté à M. Reinaud le brouillon des quatres premiers

Lettre originale de M. Max Müller.

Allsouls College. — Oxford, jan. 24.

My dear Sir,

I remember every thing that passed at Paris in 1846 and 1847, so distinctly, that I have not the slightest hesitation in saying that never was a conference in which you, M. Reinaud, Dr Goldstuecker and myself took part, and where we discussed the chinese transcriptions of sanscrit names. I cannot help thinking that there must be some misunderstanding on the subject.

I have always had the highest respect for M. Reinaud, as an arabic scholar, but I never supposed that a man so

---

livres de Hiouen-thsang, et j'avais traduit exprès pour lui, sur sa demande, d'abord une dizaine de pages in-4° des livres suivants, puis vingt-six notices géographiques, empruntées aux deux derniers livres du *Si-yu-ki*. A cette époque, M. Reinaud ne niait pas les services que je lui rendais ; il les proclamait hautement dans les termes suivants : Je dois beaucoup de remercîments (dit-il page 11 de son Mémoire) à M. Stanislas Julien, qui, non content de mettre à ma disposition la partie de la relation qu'il a traduite (4 livres sur 12), a bien voulu interpréter pour moi tous les passages (lisez : toutes les notices géographiques) que je lui ai demandés, et qui, PAR SON OBLIGEANCE DE TOUS LES JOURS, *m'a mis en état de discuter les textes chinois comme si j'avais été un sinologue.*

Au résumé, j'ai fourni à M. Reinaud, en traductions inédites ou *exécutées exprès pour lui*, la valeur de plus d'un volume de textes chinois, et j'ose dire que nul académicien ne lui a jamais rendu des services plus considérables et plus désintéressés.

Voici un contraste que je ne puis passer sous silence. L'illustre indianiste, M. Lassen, à qui j'ai fourni à peine la traduction de dix pages de chinois, m'a voué la plus affectueuse amitié pour un si mince service, et en a consacré plus d'une fois le souvenir reconnaissant dans son admirable ouvrage, *Indische Alterthumskunde*.

highly distinguished in his own special sphere of studies, could, at the same time, have mastered the difficulties of two of the most difficult languages, chinese and sanscrit.

M. Reinaud, to whom I was introduced by baron de Humboldt, has frequently, during my stay at Paris, honoured me with questions on subjects connected with sanscrit literature, and I distinctly remember the glowing terms in which he spoke to me of your important discoveries in the buddhistic literature of China. If there is any discovery in oriental literature about which there cannot be the slightest doubt to whom it belongs, it is surely your system of reducing the chinese transcripts of sanscrit words to their original form. It is *your discovery* in every sense of the word, because no one possessed *even the tools* for making the discovery.

I should be extremely sorry to say any thing that could give offense to M. Reinaud, who, both in our personal intercourse at Paris and Oxford, and, in his letters to me, has always expressed the kindest interest in the success of mine own works, and whose friendship I value most highly. But, if I really understand your letter right, and if there can be any doubt on a subject which to me seems to admit of no possible doubt, I am bound to say that M. Reinaud showed me himself, at the library (la Bibliothèque aujourd'hui impériale), translations in manuscript from the chinese, which you had given to him, and some of which he embodied in his *Mémoire sur l'Inde*, and that he never spoke to me of his discoveries in chinese or sanscrit.

I have the honor to be, etc.

Max MULLER.

Je passe au second fait, dont j'espère démontrer la réalité, aussi bien que j'ai fait évanouir, par la lettre qui précède, la fiction de la conférence. Dans la séance du 21 janvier, pour expliquer à l'Académie comment M. Reinaud avait pu se procurer sans peine un certain nombre de transcriptions indiennes qui exigeaient la connaissance du chinois et du sanscrit, je racontai que M. Reinaud, ayant appris, dans mes conversations avec lui, que les marges de mon exemplaire du *Fo-koue-ki* étaient couvertes de transcriptions sanscrites, opérées à l'aide de mon alphabet harmonique, me l'emprunta pour quelques jours et ne me le rendit qu'au bout de trois mois.

M. Reinaud protesta énergiquement contre la déclaration que je venais de faire. Il me reste à la démontrer avec une évidence complète.

PREUVE MATÉRIELLE DU PRÊT

QUE J'AI FAIT A M. REINAUD DE MON EXEMPLAIRE DU *Fo-koue-ki*.

Les preuves dont je vais faire usage sont de deux sortes : l'une est purement matérielle, et l'autre philologique. J'ai puisé cette seconde preuve dans les procédés que je suis habituellement pour la transcription des mots indiens, et dans la double connaissance du chinois et du sanscrit ; c'étaient, on le voit, trois *instruments* indispensables, qui manquaient à M. Reinaud.

Pendant que M. Reinaud avait chez lui mon exemplaire du *Fo-koue-ki*, il crut un jour me rendre service en écrivant à la marge de la page 391, vis-à-vis du n° 94, plusieurs transcriptions de sa façon. J'avais eu d'abord l'intention d'en faire graver le *fac-simile* et de le donner ici ; mais c'eût été une peine superflue, par la raison que plusieurs académiciens, qui connaissent parfaitement l'écriture remarquable de M. Reinaud, pourraient, au besoin, attester qu'ils ont vu, de leurs propres yeux vu, sur mon volume en question, ces transcriptions tracées de sa main. Le coupable s'est donc trahi lui-même, et m'a donné le droit de lui appliquer ces mots de l'orateur romain : *Habemus confitentem reum*.

PREUVE PHILOLOGIQUE.

Premier exemple.

J'ai à faire ici un aveu qui ne me cause aucune confusion, car il est naturel qu'on se trompe souvent dès les premiers débuts. Il y a dix ou douze ans, lorsque je commençais à jeter les bases de ma méthode pour le déchiffrement des mots indiens, époque où je n'étais pas encore très-versé en sanscrit, il m'arrivait de trouver tantôt des transcriptions excellentes, tantôt des transcriptions entièrement ou partiellement incorrectes. J'écrivais les unes et les autres sur des cartes rangées méthodiquement ou sur les marges de mon exemplaire du *Fo-koue-ki*.

Dans la description du royaume de *Vallabhî* (1), la Relation cite un roi dont le nom, exprimé phonétiquement, est écrit par M. Landresse (*Fo-koue-ki*, page 393, ligne 1) *Tou-lou-pho-pa-tho*.

Ce nom se compose de deux parties :

1° De *Tou-lou-pho* (que j'écris aujourd'hui *t'ou-lou-p'o*), où j'avais trouvé, avec raison, le mot sanscrit *dhruva*, durable, permanent (en chinois, *tch'ang*, continuel, éternel);

2° De *Pa-tho* (que j'écris aujourd'hui *po-tou*).

Le mot chinois correspondant, en note, était *jouï*, intelligent, et le composé *tch'ang-jouï*, que je traduis aujourd'hui par *constamment intelligent*, devait, ce semble, me conduire à ma transcription actuelle *Dhruvapat'ou*, expression qui, en sanscrit, a exactement le même sens.

Je ne pus d'abord deviner quel démon m'avait poussé alors et m'avait fait transcrire *po-tho* par *pat'a*, qui veut dire *toile fine*. C'était certainement une grave erreur; mais on va voir tout à l'heure que je n'ai qu'à me féliciter de l'avoir commise. J'écrivis en conséquence, sur la marge de mon *Fo-koue-ki*, « *Dhruvapat'a*, éternellement intelligent » (2).

---

(1) T. II, p. 163, de la traduction de Hiouen-thsang; liv. XI, fol. 17, du texte chinois.

(2) J'avais employé un *t* sous-ponctué, que, faute de cette lettre, je remplace ici par *t'*, à l'exemple de plusieurs indianistes.

Depuis la première édition de ma Réponse, j'ai reconnu que ce n'était point légèrement et sans motif que j'avais écrit *pat'a*. En effet, le dernier signe, que M. Jacquet prononce *tch'a*, d'après le Dictionnaire de Basile, figure presque constamment le *t'a* dental dans les transcriptions phonétiques des mots sanscrits. On peut s'en convaincre en examinant les mots *Chi-se-tch'a* (Djyâicht'ha), *Kiu-kiu-tch'a* (Koukkout'a), *Mo-ho-la-tch'a* (Mahârâcht'ra), *San-mo-ta-tch'a* (Samatat'a), etc. Je n'ai donc fait qu'appliquer, à la rigueur, un usage qui m'était bien connu. Mais, après avoir écrit *pat'a*, conformément à la règle, j'ai commis une faute (aujourd'hui réparée), en ne cherchant point la signification de ce mot sanscrit pour m'assurer s'il répondait au mot chinois *Hoeï* (vulgo *intelligence*), et qui ici, par position, veut dire *intelligent*. J'aurais reconnu que *pat'a* avait le sens de *toile fine*, et après avoir étudié, comme je l'ai fait plus tard, toutes les prononciations du dernier mot (vulgo *tch'a*), je lui aurais trouvé le son *tou*, et je me serais cru dûment autorisé à lire *pat'ou*, qui signifie précisément *fin, adroit, intelligent*.

Éternellement n'était pas non plus exact, parce qu'un homme, dont l'existence est passagère, ne peut pas être appelé *éternellement intelligent*. C'est pourquoi, dans la suite, j'ai traduit *tch'ang-joui* par *constamment intelligent*. C'est, comme on le voit, une seconde faute que j'avais commise, et dont je ne puis que m'applaudir aujourd'hui, puisque

M. Reinaud l'a prise, tout bonnement, comme ma transcription *Dhuvapat'a*, dont la seconde partie, *pat'a*, était inexacte, ainsi qu'on peut s'en convaincre par les détails qui suivent.

M. Reinaud, ayant lu, sur la marge de mon *Fo-koue-ki*, la transcription incorrecte *Dhruvapat'a*, suivie des mots *éternellement intelligent*, crut cette leçon excellente et la copia, ainsi que ma mauvaise traduction, avec une entière bonne foi (*Mémoire sur l'Inde*, p. 153); mais, loin de m'en faire honneur, il en attribua la découverte à M. Jacquet, dans les termes suivants : « Le mérite d'avoir le premier éclairci ce passage de la relation chinoise, qui avait été rendu inexactement dans le *Fo-koue-ki*, page 392, appartient à feu Jacquet. » (Voyez le Journal de la Société asiatique de Calcutta, année 1836, mois de novembre, page 637.)

J'ai suivi encore ici le conseil de M. Reinaud; j'ai vu et consulté le Journal de la Société du Bengale, à l'endroit indiqué, et voici ce que j'ai lu : « *Thou-lou-pho-po-tch'a*, dit M. Jacquet, représente « régulièrement *Dhrouvabhat't'a*; » — et page 688 : « *Dhrouvabhat't'a* est certainement le même nom que « *Dhrouvasêna*, *bat't'a* et *sêna* étant des titres de « *Kchattriya*, de même valeur et presque synonymes, « qui s'emploient indifféremment l'un pour l'autre, « sans que l'identité du nom propre, auquel ils s'a- « joutent, en puisse être compromise. »

Or *Bhat't'a* (seconde partie du mot lu par M. Jacquet), qui signifie un *savant*, un *philosophe*, et quelquefois *ennemi, excellent, autorité* (Dictionnaire de Wilson), ne ressemblait point à *pat'a*, que M. Reinaud était censé lui avoir emprunté, et ne répondait pas non plus, pour le sens, à *intelligent*, traduction dont il voulait avoir l'air de lui être redevable. M. Jacquet, en lisant *Dhrouvabht't'a*, avait donc commis ainsi une erreur qu'il n'entre pas dans mon sujet de discuter. Qu'il me suffise de faire observer en terminant que M. Reinaud a attribué à tort à M. Jacquet la leçon *Dhruvapat'a*, leçon fautive que j'avais cru pouvoir adopter au début de ma méthode, et qu'il n'a pu lire ailleurs que sur la marge de mon *Fo-koue-ki*.

J'ajouterai, comme on l'a vu plus haut, qu'il m'a pris aussi la traduction inexacte *éternellement intelligent*, qui venait, après *Dhruvapat'a*, sur la marge de l'ouvrage précité.

Admettons un instant que M. Reinaud ne m'ait pas emprunté cette mauvaise transcription, aurait-il pu, à l'aide de l'arabe, du persan, et des sons chinois, arriver à *Dhrouva* avec *Tou-lou-pho*, et à *pat'a*, avec les deux derniers sons, que M. Jacquet, cité par lui, lit *po-tch'a*?

On peut se demander encore où M. Reinaud, qui (page 11 de son *Mémoire sur l'Inde*) avoue ne savoir *ni le chinois ni le sanscrit*, aurait pu prendre la traduction fautive *éternellement intelligent*, appliquée par moi, dans l'origine, aux mots chinois *Tch'ang-hoeï*, et qu'à la fin, éclairé par la réflexion et de nouvelles recherches, j'ai fidèlement remplacée par *constamment intelligent*.

Second exemple.

Je vais maintenant citer un nom de roi dont la transcription fidèle ne pouvait être obtenue que par une personne possédant à la fois la connaissance des valeurs phonétiques et celle du chinois et du sanscrit.

On lit dans le *Mémoire sur l'Inde*, page 151 : «Le pays de *Kamaroupa*, qui formait une partie du pays actuel d'Assam, obéissait à un prince brahmaniste. Ce roi se nommait *Kumara*, comme le roi de Canoge; on le surnommait *Bhaskaravarma*.»

La discussion suivante va rouler sur le dernier mot *Bhâskara*, qui était écrit, page 388, vis-à-vis du n° 82, sur la marge de mon *Fo-koue-ki*. Je commence par écrire les signes phonétiques de ce mot, en les surmontant de leur prononciation chinoise;

Pho se kie lo fa mo
婆塞羯羅伐摩

puis je consulte mon alphabet, et je dis :

1° *Pho* figure *bhâ* dans *bhâryâ*, une épouse (Dictionnaire *Fan-i-ming-i-tsi*, liv. v, fol. 8).

2° *Se* figure *s*, non suivi de l'*a* inhérent, dans *sphat'ika*, cristal (Diction. *Fan-i-ming-i-tsi*, liv. VIII, fol. 11).

3° *Kie* figure *ka* dans *Karpoûra*, du camphre (*Hiouen-thsang*, livr. x, pag. 123).

4° *Lo* figure *ra* dans *Koumâra* (*Hiouen-thsang*, livr. x, pag. 77).

J'ai déjà le mot *Bhâskara*, dont je confirmerai plus bas l'orthographe par une seconde preuve tirée à la fois du chinois et du sanscrit.

Je passe à *Fa-mo*; ce mot était plus difficile que le précédent.

En effet, *Fa* figure *va* dans *Vasoumitra* (*Hiouen-thsang*, livr. ii, p. 119), et *mo* figure *ma* dans *mahâ*, grand. Nous n'avons donc que *Vama*, et il est impossible qu'un simple arabisant, qui ignore le sanscrit, puisse supposer qu'il manque un *r* pour que le mot soit correct; mais un sinologue, quelque peu familier avec le sanscrit, n'est pas plus embarrassé par le premier mot que par celui-ci. Il trouve, en effet, dans une note du *Si-yu-ki*, une explication chinoise qui, pour le premier, lui donne d'abord *soleil*, et, comme il sait que *soleil* se dit quelquefois *Bhâskara* (de *Bhâ*, lumière, et de *kara*, faisant; celui qui produit la lumière), il reconnaît sur-le-champ l'exactitude de son analyse phonétique, qui lui avait donné *Bhâ-s-ka-ra*.

Les sons *Vama* ne l'arrêtent pas davantage, parce que la note chinoise lui fournit un mot qui signifie *cuirasse* (*varma*), et il ne s'étonne point de l'absence de l'*r*, dont il connaissait déjà des exemples dans *ka-n'a* pour *karn'a* (oreille), *Gou-dja-ra* pour *Gourdjdjara*, nom de pays, etc.

Voilà le double procédé, puisé à la fois dans ma connaissance des valeurs phonétiques et dans celle du chinois et du sanscrit, qui m'a permis d'établir, avec une certitude absolue, la transcription de *Bhâskara varma* (1).

Je le demande maintenant : M. Reinaud aurait-il pu trouver tout seul, et sans le secours de ma note marginale, la transcription difficile dont je viens d'analyser les éléments et démontrer la parfaite exactitude ?

---

(1) Ce nom de roi, *Cuirasse de soleil*, signifiait probablement « celui dont la cuirasse était brillante comme le soleil ».

SUPPLÉMENT.

Dans son *Mémoire sur l'Inde,* pag. 11, M. Reinaud parle avec une certaine emphase de ses *restitutions* de noms de pays. On va voir, par les observations suivantes, que la plupart de ses prétendues *restitutions* ne sont que de graves erreurs géographiques.

Première restitution (!) de M. Reinaud.

M. R..., pag. 152 de son Mémoire, identifie *Fa-la-na* avec *Patan!* C'est le *Vanéh* d'aujourd'hui, en sanscrit *Varan'a.*
Voyez le mémoire analytique de M. Vivien de Saint-Martin, page 163.

Deuxième restitution (!) de M. Reinaud.

M. R..., page 155 de son Mémoire, fait de *Lo-ho-lo Lahor,* ce qui prouve qu'il n'a pas même songé à suivre l'itinéraire de *Hiouen-thsang* sur la carte. C'est le pays de *Lahoul,* au sud-est de Cachemire.
Voyez le mémoire de M. de Saint-Martin, pag. 84.

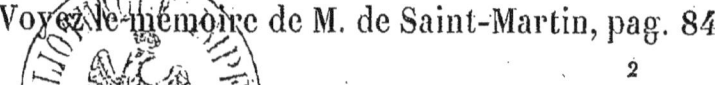

Troisième restitution (!) *de M. Reinaud.*

M. R..., page 155 de son Mémoire, pour prouver que le *Sou-la-ta* (lisez *Sou-la-tch'a*) de *Hiouen-thsang* n'est pas la ville de *Surate*, dit que cette ville est de fondation moderne. Or elle est mentionnée sous le nom d'Ὀρρoθα dans Cosmas Indicopleustes, qui vivait au VIᵉ siècle de notre ère.

Quatrième restitution (!) *de M. Reinaud.*

M. R..., page 156, identifie *Pounghari* (lisez *Mong-kie-li*), capitale du *Gândhâra*, avec *Pendjehir*, place située vers le nord de *Kaboul*, bien loin en dehors des limites occidentales du *Gândhâra*. — *Mong-kie-li* est *Mangalapoura*, dont le nom vulgaire est *Manglavor*. Voyez le mémoire de M. de Saint-Martin, pag. 64.

Cinquième restitution (!) *de M. Reinaud.*

M. Reinaud, page 152 de son *Mémoire sur l'Inde*, dit que *Ka-bi-cha* (lisez *Kia-pi-ché*) est le pays de Caboul. Il y a là plus qu'une faute, et nous sommes forcé d'en compter deux. D'abord le pays de Caboul, dans *Hiouen-thsang*, est appelé *Fo-li-chi-sa-t'ang-na* (Vridjisthâna, d'après mon alphabet), où M. de Saint-Martin reconnaît *Vardasthâna*, le pays des *Vardaks*, mot dont il a discuté la filiation orthographique à la p. 166 de son Mémoire (p. 416

de mon 2ᵉ volume du *Si-yu-ki*), et que *Hiouen-thsang* distingue formellement de *Kia-pi-che* (Mémoires de Hiouen-thsang, livr. XII, pag. 190).

Seconde faute. M. Reinaud n'a pas su reconnaître à la première vue, dans *Kia-pi-ché*, le *Capissa* des anciens, dont précisément l'itinéraire de *Hiouen-thsang* fixe la position, que nos textes classiques laissaient un peu indécise.

Au total, sur soixante-dix-neuf noms de villes ou de pays que *Hiouen-thsang* mentionne dans l'Inde, et que M. Vivien de Saint-Martin a tous discutés et identifiés, M. Reinaud en a mentionné *huit*, et sur ces *huit* tentatives d'identification, il a trouvé le moyen de faire *cinq* lourdes fautes.

Post-Scriptum.

M. Reinaud se vante quelquefois d'une manière étrange, ou, comme on l'a vu par ma Réponse, se crée, au gré de sa fantaisie, des illusions surprenantes. En voici une nouvelle preuve, facile à vérifier. La Bibliothèque impériale possède des catalogues de ses Manuscrits coptes, arméniens, géorgiens, éthiopiens, etc. Tout le monde sait, et je n'en fais pas un crime à M. Reinaud, que cet orientaliste est incapable de comprendre ces divers textes, et par conséquent d'en décrire le contenu ou même d'en lire seulement les titres. Eh bien! sur la première page de chacun de ces catalogues, il a écrit de sa propre main : *par M. Reinaud!*

Comment expliquer et justifier de tels procédés littéraires? J'ai le mot au bout de ma plume ; mais, tout juste qu'il soit, sa sévérité énergique contrasterait trop avec mon langage habituel, et j'aime mieux laisser le lecteur suppléer à mon silence.

Doit-on s'étonner, après cela, en voyant M. Reinaud se faire illusion et vouloir faire illusion aux autres au point de revendiquer publiquement le mérite d'avoir trouvé tout seul, à l'aide de l'arabe, du persan ou des sons chinois, donnés par M. Landresse, un système de transcription des mots indiens figurés phonétiquement, lequel, de l'aveu de tout le monde, ne pouvait être construit sans le secours du chinois et du sanscrit, qui me sont familiers, et auxquels il est complétement étranger? C'est cette prétention inouïe, aussi peu fondée chez lui que la connaissance du copte, de l'arménien, du géorgien et de l'éthiopien, qui l'a poussé à me susciter, de gaieté de cœur et sans provocation de ma part, cette guerre illogique, dont les conséquences fâcheuses sont déjà retombées sur lui, et laisseront des traces ineffaçables dans l'histoire de la philologie orientale.

Quid multa?

STANISLAS JULIEN,
Membre de l'Institut,
Professeur de langue et de littérature chinoise,
Administrateur du Collége de France.

PARIS. — Imprimerie de RIGNOUX, rue Monsieur-le-Prince, 31.

www.ingramcontent.com/pod-product-compliance
Lightning Source LLC
Chambersburg PA
CBHW060451050426
42451CB00014B/3270